INHALT

**28 C/Resolution 2.4
der UNESCO-Generalkonferenz** ... 4

**Die Sevilla-Strategie für Biosphären-
reservate** ... 5

    Biosphärenreservate - die ersten zwanzig
    Jahre ... 5

    Das Konzept der Biosphärenreservate ... 6

    Die Vision von Sevilla für das
    21. Jahrhundert ... 7

    Die Strategie ... 9

    Indikatoren für die Umsetzung ... 17

**Die Internationalen Leitlinien für das
Weltnetz der Biosphärenreservate** ... 20

Impressum ... 24

Zitiervorschlag
UNESCO (Hrsg.) (1996): Biosphärenreservate.
Die Sevilla-Strategie und die Internationalen Leitlinien für
das Weltnetz. - Bundesamt für Naturschutz, Bonn

Das Konzept der Biosphärenreservate betrifft eine der wichtigsten Fragen, denen die Welt heute gegenübersteht: Wie können wir den Schutz der biologischen Vielfalt, das Streben nach wirtschaftlicher und sozialer Entwicklung und die Erhaltung kultureller Werte miteinander versöhnen? Biosphärenreservate sind Gebiete, bestehend aus terrestrischen und Küsten- sowie Meeresökosystemen oder einer Kombination derselben, die international im Rahmen des UNESCO-Programmes "Der Mensch und die Biosphäre" (MAB) anerkannt sind. Im März 1995 organisierte die UNESCO in Sevilla/Spanien eine internationale Expertenkonferenz. Die dort ausgearbeitete Sevilla-Strategie empfiehlt konkrete Schritte für die weitere Entwicklung der Biosphärenreservate im 21. Jahrhundert. Darüber hinaus diente die Konferenz auch dazu, Internationale Leitlinien für das Funktionieren des Weltnetzes der Biosphärenreservate fertigzustellen. Beide Dokumente wurden mit der 28 C/Resolution 2.4 am 14. November 1995 von der UNESCO-Generalkonferenz angenommen. Sie werden mit dieser Broschüre veröffentlicht. Einer der herausragenden Aspekte dieser Dokumente ist die neue Rolle, die den Biosphärenreservaten bei der Umsetzung wichtiger Schwerpunkte der anläßlich der Konferenz der Vereinten Nationen für Umwelt und Entwicklung (UNCED) 1992 in Rio de Janeiro ausgearbeiteten Agenda 21 zuwachsen kann. Gleichzeitig unterstreichen die Dokumente die wichtigen Beiträge, die Biosphärenreservate für die Umsetzung des Übereinkommens über Biologische Vielfalt leisten können.

BIOSPHÄRENRESERVATE

DIE SEVILLA-STRATEGIE
&
DIE INTERNATIONALEN LEITLINIEN FÜR DAS WELTNETZ

UNESCO - PROGRAMM "DER MENSCH UND DIE BIOSPHÄRE" (MAB)

28 C/RESOLUTION 2.4 DER UNESCO-GENERALKONFERENZ
(14. November 1995)

Die Generalkonferenz -

unter Hinweis darauf, daß die Konferenz von Sevilla die besondere Bedeutung der im Rahmen des Programmes "Der Mensch und die Biosphäre" (MAB) eingerichteten Biosphärenreservate für den Schutz der biologischen Vielfalt im Einklang mit der Sicherung der ihnen innewohnenden kulturellen Werte bestätigt hat,

in der Erwägung, daß Biosphärenreservate ideale Standorte für Forschung, langfristige Umweltbeobachtung, Bildung und Fortbildung sowie für die Förderung des öffentlichen Bewußtseins sind und sie es gleichzeitig örtlichen Gemeinschaften ermöglichen, sich voll an dem Schutz und der nachhaltigen Nutzung von Ressourcen zu beteiligen,

in der Erwägung, daß sie auch Demonstrationsstandorte und Drehscheiben für Aktivitäten im Zusammenhang mit regionaler Entwicklung und Landnutzungsplanung darstellen,

in der Erwägung, daß das Weltnetz der Biosphärenreservate damit einen bedeutenden Beitrag zur Umsetzung der Ziele der AGENDA 21 und der während und nach der Rio-Konferenz verabschiedeten Übereinkommen, insbesondere des Übereinkommens über Biologische Vielfalt, leisten,

in der Überzeugung, daß es notwendig ist, das gegenwärtige Weltnetz zu erweitern und zu verbessern und regionalen und weltweiten Austausch zu fördern, insbesondere durch Unterstützung der Entwicklungsländer bei der Einrichtung, Stärkung und Förderung von Biosphärenreservaten

1. *bestätigt* die Sevilla-Strategie und ersucht den Generaldirektor, die notwendigen Ressourcen für ihre effektive Umsetzung bereitzustellen sowie dafür zu sorgen, daß sie die weitestmögliche Verbreitung unter allen Beteiligten erfährt;

2. *ersucht* die Mitgliedsstaaten, die Sevilla-Strategie umzusetzen und die dafür notwendigen Ressourcen zur Verfügung zu stellen;

3. *ersucht* internationale und regionale zwischenstaatliche Organisationen und die betreffenden Nicht-Regierungsorganisationen um Zusammenarbeit mit der UNESCO, um die operationale Entwicklung des Weltnetzes der Biosphärenreservate sicherzustellen und appelliert an Finanzierungsorganisationen, entsprechende Mittel zu mobilisieren;

4. *nimmt* die als Anhang enthaltenen Internationalen Leitlinien für das Weltnetz der Biosphärenreservate *an* und *ersucht*

    (a) die Mitgliedsstaaten, bei der Bestimmung und Umsetzung ihrer politischen Maßnahmen für Biosphärenreservate diese Internationalen Leitlinien zu berücksichtigen;

    (b) den Generaldirektor, ein Sekretariat für das Weltnetz der Biosphärenreservate in Anwendung der Internationalen Leitlinien bereitzustellen und somit einen Beitrag zur reibungslosen Arbeit und zur Stärkung des Weltnetzes zu leisten.

DIE SEVILLA-STRATEGIE FÜR BIOSPHÄRENRESERVATE

BIOSPHÄRENRESERVATE: DIE ERSTEN ZWANZIG JAHRE

Das Konzept der Biosphärenreservate betrifft eine der wichtigsten Fragen, denen die Welt heute gegenübersteht: Wie können wir den Schutz der biologischen Vielfalt und der biologischen Ressourcen mit ihrer nachhaltigen Nutzung in Einklang bringen? Ein leistungsfähiges Biosphärenreservat erfordert die Beteiligung von Natur- und Sozialwissenschaftlern, Naturschutz- und Entwicklungsgruppen, Behörden und lokalen Gemeinschaften; sie alle müssen an diesem komplexen Thema mitwirken.

Eine Sonderarbeitsgruppe im Rahmen des Programmes "Der Mensch und die Biosphäre" (MAB) der UNESCO rief 1974 das Konzept der Biosphärenreservate ins Leben. Das Weltnetz der Biosphärenreservate wurde im Jahre 1976 gegründet; im Mai 1996 umfaßte es 337 Biosphärenreservate in 85 Staaten. Das Weltnetz ist ein Schlüssel für das Ziel von MAB, ein nachhaltiges Gleichgewicht zwischen den bisweilen widersprüchlichen Zielen der Erhaltung der biologischen Vielfalt, der Förderung der wirtschaftlichen Entwicklung und der Wahrung zugehöriger kultureller Werte zu verwirklichen. Biosphärenreservate sind Orte, an denen dieses Ziel geprüft, verfeinert, demonstriert und umgesetzt wird.

Im Jahre 1983 veranstalteten die UNESCO und das Umweltprogramm der Vereinten Nationen (UNEP) gemeinsam den 1. Internationalen Biosphärenreservatkongreß in Minsk (Weißrußland), in Zusammenarbeit mit der Ernährungs- und Landwirtschaftsorganisation der Vereinten Nationen (FAO) und der Weltnaturschutzunion (IUCN). Die Diskussionen des Kongresses mündeten in den "Aktionsplan für Biosphärenreservate" von 1984, dem die UNESCO-Generalkonferenz und der Verwaltungsrat von UNEP formell zustimmten. Ein großer Teil des Aktionsplanes besitzt auch heute noch Gültigkeit; das Umfeld, in das die Biosphärenreservate eingebunden sind, hat sich jedoch erheblich verändert. Besonders deutlich zeigen dies die Konferenz der Vereinten Nationen für Umwelt und Entwicklung und das Übereinkommen über Biologische Vielfalt. Das Übereinkommen wurde auf dem "Erdgipfel" 1992 in Rio de Janeiro unterzeichnet, trat am 29. Dezember 1993 in Kraft und wurde bisher von über 130 Ländern ratifiziert. Die drei Hauptziele des Übereinkommens sind die Erhaltung der biologischen Vielfalt, die nachhaltige Nutzung ihrer Bestandteile und die gerechte und ausgewogene Aufteilung der sich aus der Nutzung der genetischen Ressourcen ergebenden Vorteile. Die Biosphärenreservate fördern diesen integrierten Ansatz und sind damit besonders geeignet, zur Umsetzung des Übereinkommens beizutragen.

In den zehn Jahren seit der Konferenz in Minsk haben sich die Auffassungen über Schutzgebiete allgemein und über Biosphärenreservate parallel weiterentwickelt. Das wichtigste Ergebnis dieser Entwicklung ist, daß die Verbindung zwischen der Erhaltung der biologischen Vielfalt und den Entwicklungserfordernissen lokaler Gemeinschaften - ein zentraler Bestandteil des Ansatzes der Biosphärenreservate - als ein Hauptfaktor für die erfolgreiche Bewirtschaftung der meisten Nationalparks, Naturschutzgebiete und sonstigen Schutzgebiete anerkannt wurde. Auf dem 4. Weltkongreß über Nationalparks und Schutzgebiete in Caracas/Venezuela (im Februar 1992) verabschiedeten die für Planung und Bewirtschaftung von Schutzgebieten Verantwortlichen aus aller Welt die Caracas-Erklärung und den Caracas-Aktionsplan, die beide viele der Elemente (Beteiligung der örtlichen Gemeinschaften, Verbindungen zwischen Erhaltung und Entwicklung, Bedeutung der internationalen Zusammenarbeit) enthalten, die wesentliche Aspekte der Biosphärenreservate sind. Der Kongreß faßte auch einen Beschluß zur Unterstützung der Biosphärenreservate.

Auch bei der Bewirtschaftung der Biosphärenreservate selbst gab es bedeutende Neuerungen. Neue Methoden zur Beteiligung von Interessengruppen an Entscheidungsprozessen und zur Konfliktlösung wurden entwickelt, und der Notwendigkeit, regionale Ansätze zu verfolgen, wurde zunehmend Bedeutung beigemessen. Neue Arten von Biosphärenreservaten wie Cluster-Reservate und grenzübergreifende Biosphärenreservate entstanden. Viele Biosphärenreservate entwickelten sich auch in erheblichem Maße von einem ursprünglichen Schwerpunkt im Bereich der Erhaltung hin zu einer weitergehenden Integration von Erhaltung und Entwicklung durch die intensivere Zusammenarbeit zwischen Interessengruppen. Neue internationale Netze, die von technischen Fortschritten wie z.B. leistungsfähigeren Computern und dem Internet profitieren, haben die Kommunikation und Zusammenarbeit zwischen Biosphärenreservaten in den verschiedenen Ländern wesentlich erleichtert.

In diesem Zusammenhang entschied der Exekutivrat der UNESCO im Jahre 1991, einen ständigen beratenden Ausschuß für Biosphärenreservate (Advisory Committee for Biosphere Reserves) einzurichten. Dieser empfahl, die Wirksamkeit des Aktionsplans von Minsk zu bewerten, seine Umsetzung zu analysieren und eine Strategie für die Biosphärenreservate des 21. Jahrhunderts zu entwickeln.

Auf Einladung der spanischen Regierung organisierte daher die UNESCO auf der Grundlage des Beschlusses Nr. 2.3 ihrer 27. Generalkonferenz vom November 1993 die Internationale Biosphärenreservatskonferenz vom 20. bis 25. März 1995 in Sevilla/Spanien. Die Konferenz führte etwa 400 Fachleute aus 102 Staaten sowie 15 internationale und regionale Organisationen zusammen. Ziel der Konferenz war es, die Erfahrungen aus der Umsetzung des Aktionsplanes von 1984 zu bewerten, die Rolle der Biosphärenreservate im 21. Jahrhundert zu erörtern (aus dieser Diskussion entstand die Vision) und Internationale Leitlinien für das Weltnetz der Biosphärenreservate zu entwerfen. Die Konferenz erarbeitete die nachfolgende "Sevilla-Strategie". Anläßlich seiner 13. Sitzung vom Juni 1995 brachte der Internationale Koordinationsrat des MAB-Programmes seine Bereitschaft zur tatkräftigen Unterstützung der Strategie zum Ausdruck.

DAS KONZEPT DER BIOSPHÄRENRESERVATE

Biosphärenreservate sind Gebiete, bestehend aus terrestrischen und Küsten- sowie Meeresökosystemen oder einer Kombination derselben, die international im Rahmen des UNESCO Programmes "Der Mensch und die Biosphäre" (MAB) nach Maßgabe vorliegender Internationaler Leitlinien für das Weltnetz der Biosphärenreservate anerkannt sind. Biosphärenreservate werden von nationalen Regierungen vorgeschlagen; jedes Gebiet muß eine Reihe von Mindestkriterien und eine Reihe von Mindestbedingungen erfüllen, bevor es in das Weltnetz aufgenommen wird. Jedes Biosphärenreservat soll drei sich ergänzende Funktionen erfüllen; eine Schutzfunktion zum Zwecke der Erhaltung der Genressourcen sowie der Tier- und Pflanzenarten, Ökosysteme und Landschaften; eine Entwicklungsfunktion, um nachhaltige wirtschaftliche und menschliche Entwicklung zu fördern, und eine logistische Funktion, um Demonstrationsprojekte, Umweltbildung, Ausbildung, Forschung und Umweltbeobachtung, bezogen auf lokale, nationale und weltweite Angelegenheiten von Schutz und nachhaltiger Entwicklung, zu unterstützen.

Jedes Biosphärenreservat sollte drei Zonen enthalten:

▼ eine oder mehrere Kernzonen streng geschützter Gebiete zur Erhaltung der biologischen Vielfalt, zur Beobachtung minimal gestörter Ökosysteme und zur Durchführung von Forschungen, die die Ökosysteme nicht verändern und sonstiger Nutzungen mit geringfügigen Auswirkungen (wie z.B. Bildungsmaßnahmen);

▼ eine klar ausgewiesene Pufferzone (In Deutschland wird diese Zone auch als Pflegezone bezeichnet.), die im allgemeinen die Kernzone umgibt oder an sie angrenzt und für kooperative Tätigkeiten genutzt wird, die im Einklang mit umweltfreundlichen Nutzungen stehen; zu diesen zählen Maßnahmen der Umweltbildung, Erholung sowie angewandte und Grundlagenforschung; und

▼ eine flexible Übergangszone (In Deutschland wird diese Zone auch als Entwicklungszone bezeichnet.) oder Zone der Zusammenarbeit, in der verschiedenartige landwirtschaftliche Tätigkeiten, Siedlungstätigkeiten und weitere Nutzungen stattfinden können, bei denen lokale Gemeinschaften, Bewirtschaftungsbehörden, Wissenschaftler, Nichtregierungs-Organisationen, kulturelle Gruppen, die Wirtschaft und sonstige Interessensgruppen zusammenarbeiten, um die Ressourcen des Gebietes zu bewirtschaften und nachhaltig zu entwickeln.

Diese drei Zonen wurden zwar ursprünglich als konzentrische Ringe konzipiert, können jedoch, um lokalen Erfordernissen und Bedingungen zu entsprechen, auf verschiedene Weise gestaltet werden. Eine der größten Stärken des Konzepts der Biosphärenreservate ist seine Flexibilität und Kreativität, mit der es in den unterschiedlichsten Situationen angewandt wurde.

Einige Staaten haben eigens Rechtsvorschriften zur Gründung von Biosphärenreservaten erlassen. In vielen anderen wurden die Kern- und Pufferzonen von Biosphärenreservaten (vollständig oder teilweise) als Schutzgebiete nach nationalem Recht ausgewiesen. Eine Vielzahl von Biosphärenreservaten sind gleichzeitig Bestandteil anderer nationaler Schutzgebietskategorien (wie Nationalparks oder Naturschutzgebieten) bzw. internationaler Netze (wie den Welterbe- oder Ramsar-Gebieten).

Auch die Eigentumsverhältnisse können unterschiedlich geregelt sein. In den meisten Fällen gehören die Kernzonen der öffentlichen Hand, können aber auch in privatem oder im Eigentum nichtstaatlicher Organisationen sein. Häufig ist die Pufferzone Privat- oder Gemeindeeigentum, was in den Übergangszonen die Regel ist. Die Sevilla-Strategie für Biosphärenreservate berücksichtigt diese breite Palette der Eigentumsverhältnisse.

DIE VISION VON SEVILLA FÜR DAS 21. JAHRHUNDERT
DIE STRATEGIE

Welcher Zukunft steht die Welt an der Schwelle zum 21. Jahrhundert gegenüber? Aktuelle Trends des Wachstums und der Verteilung der Bevölkerung, die Globalisierung der Wirtschaft und die Auswirkungen von Handelsstrukturen auf ländliche Gebiete, die Aushöhlung kultureller Werte, der erhöhte Energie- und Ressourcenbedarf, die Zentralisierung von Informationen und Erschwerung des Zugriffs sowie die ungleiche Verteilung technischer Innovationen zeichnen ein ernüchterndes Bild der Umwelt- und Entwicklungsaussichten in der nahen Zukunft.

Der UNCED-Prozeß eröffnet eine Alternative, die aufzeigt, wie unter Einbeziehung der Verantwortung für die Umwelt und größerer sozialer Gerechtigkeit einschließlich der Achtung ländlicher Gemeinschaften und ihres gesammelten Wissens auf eine nachhaltige Entwicklung hingearbeitet werden kann. Die Agenda 21, die Übereinkommen über Biologische Vielfalt, Klimaänderungen, Wüstenbildung und andere multilaterale Abkommen weisen auf internationaler Ebene den Weg in die Zukunft.

Die internationale Gemeinschaft benötigt jedoch auch praktische Beispiele, die die Vorstellungen der UNCED zur Förderung der Erhaltung und der nachhaltigen Entwicklung umfassen. Diese Beispiele können nur dann funktionieren, wenn sie sämtlichen sozialen, kulturellen, geistigen und wirtschaftlichen Bedürfnissen der Gesellschaft gerecht werden und auf einer gesicherten wissenschaftlichen Grundlage beruhen.

Biosphärenreservate sind solche Beispiele. Anstatt zu Inseln in einer Welt zu werden, die zunehmend durch menschliche Nutzung beeinträchtigt wird, können sie vielmehr zu Schauplätzen der Versöhnung von Mensch und Natur werden, dazu beitragen, Wissen der Vergangenheit auf die Erfordernisse der Zukunft zu übertragen, und aufzeigen, wie die Probleme unserer sektoral orientierten Institutionen überwunden werden können. Kurzgefaßt: Biosphärenreservate sind viel mehr als nur Schutzgebiete.

Biosphärenreservaten fällt daher eine neue Rolle zu. Sie stellen nicht nur für die Menschen, die in ihnen und in ihrer Umgebung leben und arbeiten, eine Möglichkeit dar, ein ausgewogenes Verhältnis zur Natur zu wahren, sondern leisten auch einen Beitrag zu den Bedürfnissen der Gesellschaft insgesamt, indem sie einen Weg in eine nachhaltige Zukunft aufzeigen. Dies ist der Kern unserer Vision für die Biosphärenreservate im 21. Jahrhundert.

Anläßlich der Internationalen Biosphärenreservatskonferenz der UNESCO in Sevilla wurde ein zweistufiger Ansatz verfolgt:

▼ frühere Erfahrungen in der Umsetzung des innovativen Konzepts des Biosphärenreservats zu untersuchen und

▼ vorauszuschauen, um die Bedeutung der drei Funktionen Erhaltung, Entwicklung und logistische Unterstützung näher zu bestimmen.

Die Konferenz von Sevilla kam zu dem Schluß, daß trotz der Probleme und Beschränkungen bei der Einrichtung von Biosphärenreservaten das MAB-Programm insgesamt innovativ war und viele Erfolge aufzuweisen hat. Insbesondere sollen die drei Funktionen in den folgenden Jahren ihre Gültigkeit behalten. Ausgehend von der Analyse wurden die folgenden zehn Handlungsschwerpunkte von der Konferenz bestimmt, die die Grundlage der neuen Sevilla-Strategie bilden:

1. Stärkung des Beitrags der Biosphärenreservate zur Umsetzung internationaler Vereinbarungen zur Förderung von Schutz und nachhaltiger Entwicklung; dieses betrifft insbesondere die Übereinkommen über Biologische Vielfalt und anderer Abkommen in den Bereichen Klimawandel, Wüstenbildung und Schutz der Wälder.

2. Entwicklung von Biosphärenreservaten in den unterschiedlichsten ökologischen, biologischen, wirtschaftlichen und kulturellen Umfeldern, von weitgehend ungestörten Regionen bis hin zu Städten; es besteht ein besonderes Potential und auch eine besondere Notwendigkeit, das Konzept des Biosphärenreservats auch in der Küsten- und Meeresumwelt anzuwenden.

3. Stärkung der entstehenden regionalen, überregionalen und thematischen Netze von Biosphärenreservaten als Bestandteile des Weltnetzes der Biosphärenreservate.

4. Verstärkung der wissenschaftlichen Forschung, Umweltbeobachtung und Ausbildung und formellen Bildung in Biosphärenreservaten, da der Schutz und die nachhaltige Nutzung in diesen Gebieten einer gesicherten natur-, gesellschafts- und humanwissenschaftlichen Grundlage bedürfen. Diese Notwendigkeit ist insbesondere in Ländern akut, in denen die Biosphärenreservate nicht über die erforderlichen Humanressourcen und finanziellen Mittel verfügen.

5. Sicherstellen, daß alle Zonen der Biosphärenreservate einen angemessenen Beitrag zu Erhaltung, nachhaltiger Entwicklung und Forschung leisten.

6. Ausweitung der Übergangszone auf große, zur regionalisierten Ökosystembewirtschaftung geeignete Gebiete und Nutzung der Biosphärenreservate zur Erforschung und Demonstration von Ansätzen nachhaltiger Entwicklung auf regionaler Ebene; hierbei muß künftig der Übergangszone mehr Aufmerksamkeit gewidmet werden.

7. Umfassendere Herausstellung der menschlichen Dimension von Biosphärenreservaten. Beziehungen zwischen der kulturellen und biologischen Vielfalt sollten hergestellt werden. Traditionelle Kenntnisse und Genressourcen sollten erhalten und ihr Beitrag zur nachhaltigen Entwicklung sollte anerkannt und gefördert werden.

8. Förderung der Bewirtschaftung jedes Biosphärenreservats im wesentlichen als "Pakt" zwischen der lokalen Gemeinschaft und der Gesellschaft insgesamt. Die Bewirtschaftung sollte offen, entwicklungs- und anpassungsfähig sein. Ein solcher Ansatz trägt dazu bei sicherzustellen, daß das Biosphärenreservat und seine lokalen Gemeinschaften besser auf politischen, wirtschaftlichen und gesellschaftlichen Druck von außen reagieren können.

9. Zusammenführung sämtlicher Interessengruppen und betroffener Sektoren in einem partnerschaftlichen Ansatz in Biosphärenreservaten sowohl auf örtlicher Ebene als auch auf Ebene des Netzes; zwischen allen Betroffenen sollte ein freier Informationsfluß bestehen.

10. Investition in die Zukunft; mit Hilfe der Biosphärenreservate sollte unser Verständnis der Beziehung des Menschen zur Natur durch Programme zur Bewußtseinsbildung in der Öffentlichkeit, Information sowie zur formalen und informalen Bildung auf der Grundlage einer langfristigen generationsübergreifenden Perspektive erweitert werden.

Insgesamt sollen Biosphärenreservate durch wissenschaftlich korrekte, kulturell kreative und nachhaltige Bewirtschaftung natürliche und kulturelle Werte erhalten bzw. schaffen. Das Weltnetz der Biosphärenreservate ist somit ein integrierendes Instrument, das dazu beiträgt, größere Solidarität zwischen den Menschen und den Nationen zu schaffen.

DIE STRATEGIE

Die folgende Strategie gibt Empfehlungen zur Entwicklung effektiver Biosphärenreservate und zur Schaffung der Voraussetzungen für das Funktionieren des Weltnetzes der Biosphärenreservate. Sie wiederholt nicht die allgemeinen Grundsätze des Übereinkommens über Biologische Vielfalt und der Agenda 21, sondern versucht vielmehr, die spezifische Rolle von Biosphärenreservaten in der Entwicklung einer neuen Vision von der Beziehung zwischen Umweltschutz und Entwicklung zu bestimmen. Damit konzentriert sich das Dokument bewußt auf einige wenige Prioritäten.

Die Strategie schlägt drei Ebenen (international, national, einzelnes Biosphärenreservat) vor, auf denen die Empfehlungen jeweils am wirksamsten zum Tragen kommen können. Angesichts der großen Vielfalt unterschiedlicher nationaler und lokaler Bewirtschaftungssituationen sind diese Empfehlungen lediglich als Rahmen anzusehen und sollten der jeweiligen Situation angepaßt werden. Insbesondere ist darauf hinzuweisen, daß die "nationale" Ebene auch weitere staatliche Ebenen beinhaltet, die dem einzelnen Biosphärenreservat übergeordnet sind (z.B. Provinz, Staat, Grafschaft). In einigen Ländern können auch nationale oder lokale Nichtregierungsorganisationen einen geeigneten Ersatz für diese Ebene darstellen. In ähnlicher Weise umfaßt die "internationale" Ebene häufig auch überregionale Aktivitäten.

Darüber hinaus enthält die Strategie auch empfohlene Umsetzungsindikatoren, d.h. eine Überprüfungsliste von Maßnahmen, die es allen Beteiligten ermöglicht, die Umsetzung der Strategie zu verfolgen und zu bewerten. Den Indikatoren zugrundeliegende Kriterien sind Verfügbarkeit (Können die Informationen relativ leicht gesammelt werden?), Einfachheit (Sind die Daten eindeutig?) und Nützlichkeit (Sind die Informationen für die mit der Bewirtschaftung von Biosphärenreservaten betrauten Personen, Nationalkomitees und/oder das Weltnetz allgemein nützlich?). Eine Funktion der Umsetzungsindikatoren besteht darin, eine Datenbank mit erfolgreichen Umsetzungsmechanismen zusammenzustellen und diese Informationen allen Mitgliedern des Weltnetzes zur Verfügung zu stellen.

ZIEL I: NUTZUNG DER BIOSPHÄRENRESERVATE ZUR ERHALTUNG DER NATÜRLICHEN UND KULTURELLEN VIELFALT

Teilziel I.1: Verbesserung der Repräsentierung der natürlichen und kulturellen Vielfalt mit Hilfe des Weltnetzes der Biosphärenreservate

Empfehlungen für die internationale Ebene:

1. Förderung der Biosphärenreservate als ein Instrument zur Umsetzung der Ziele des Übereinkommens über Biologische Vielfalt.
2. Förderung eines umfassenden Ansatzes für die biogeographische Klassifizierung, die ganzheitliche Ideen wie z.B. Sensitivitätsanalysen berücksichtigt, um ein Klassifizierungssystem zu erarbeiten, das soziöökologische Faktoren umfaßt.

Empfehlungen für die nationale Ebene:

3. Erstellung einer biogeographischen Analyse des Landes als eine Grundlage zur Bewertung der Repräsentativität des Weltnetzes der Biosphärenreservate;
4. ausgehend von der Analyse und unter Berücksichtigung bestehender Schutzgebiete: Schaffung, Stärkung oder Erweiterung von Biosphärenreservaten nach Bedarf unter besonderer Berücksichtigung zerschnittener Lebensräume, bedrohter Ökosysteme und empfindlicher und anfälliger natürlicher und kultureller Umfelder.

Teilziel I.2. Einbeziehung der Biosphärenreservate in die Naturschutzplanung

Empfehlungen für die internationale Ebene:

1. Förderung der Schaffung grenzübergreifender Biosphärenreservate zur Erhaltung von Organismen, Ökosystemen und genetischen Resourcen über nationale Grenzen hinweg.

Empfehlungen für die nationale Ebene:

2. Integration von Biosphärenreservaten als feste Bestandteile in Strategien zur Erhaltung der biologischen Vielfalt und zur nachhaltigen Nutzung, in Pläne für Schutzgebiete sowie in nationale Biodiversitätsstrategien und -aktionspläne gemäß Artikel 6 des Übereinkommens über Biologische Vielfalt.
3. Gegebenenfalls Aufnahme von Projekten zur Stärkung und Entwicklung von Biosphärenreservaten in Programme, die im Rahmen des Übereinkommens über Biologische Vielfalt und sonstiger multilateraler Vereinbarungen finanziert werden.
4. Verbindung der Biosphärenreservate untereinander sowie mit anderen Schutzgebieten durch Grünkorridore und auf andere Weise, falls dies die Erhaltung der biologischen Vielfalt fördert, und Sicherung dieser Verbindungen.
5. Einsatz der Biosphärenreservate zur *In-situ*-Erhaltung und Nutzung von Genressourcen einschließlich wildlebender Verwandter domestizierter oder gezüchteter Arten und Erwägung, die Biosphärenreservate als mögliche Wiedereinbürgerungsgebiete zu nutzen; angemessene Verbindung zu *Ex-situ*-Erhaltungs- und Nutzungsmaßnahmen

ZIEL II: NUTZUNG DER BIOSPHÄRENRESERVATE ALS MODELLE FÜR DIE LANDBEWIRTSCHAFTUNG UND FÜR ANSÄTZE ZUR NACHHALTIGEN ENTWICKLUNG

Teilziel II.1: Sicherung der Unterstützung und der Beteiligung der örtlichen Bevölkerung

Empfehlungen für die internationale Ebene:

1. Erstellung von Leitlinien für Schlüsselaspekte der Biosphärenreservatbewirtschaftung wie Konfliktlösung, Sicherung des Nutzens für die örtliche Gemeinschaft und Beteiligung von Interessengruppen an der

Entscheidungsfindung und der Verantwortung für die Bewirtschaftung.

Empfehlungen für die nationale Ebene:

2. Einbeziehung der Biosphärenreservate in Pläne zur Umsetzung der in der Agenda 21 und in dem Übereinkommen über Biologische Vielfalt enthaltenen Ziele der nachhaltigen Nutzung.
3. Einrichtung, Stärkung oder Ausweitung von Biosphärenreservaten, unter Einbeziehung von Gebieten mit traditionellen Lebensformen und indigenen Nutzungsformen der Biodiversität (einschließlich heiliger Orte) sowie von Gebieten, in denen kritische Beziehungen zwischen Menschen und ihrer Umwelt auftreten (z.B. städtische Randzonen, degradierte ländliche Gebiete, Küstenzonen, Süßwasserbereiche und Feuchtgebiete).
4. Auswahl und Förderung von Aktivitäten, die mit den Schutzzielen vereinbar sind, durch den Transfer von angepaßten Technologien, die traditionelles Wissen einbeziehen und die eine nachhaltige Entwicklung in der Puffer- und Übergangszone unterstützen.

Empfehlungen auf der Ebene des einzelnen Biosphärenreservats

5. Ermittlung der Ansprüche der verschiedenen Interessengruppen und volle Beteiligung dieser Gruppen an Planungs- und Entscheidungsprozessen hinsichtlich der Bewirtschaftung des Biosphärenreservates.
6. Identifizierung und Erörterung von Faktoren, die zu Umweltschädigungen und zu einer nicht-nachhaltigen Nutzung biologischer Ressourcen führen.
7. Bewertung der Naturprodukte und Wohlfahrtsfunktionen des Biosphärenreservates und Nutzung der Informationen zur Schaffung von umweltfreundlichen und wirtschaftlich nachhaltigen Einkommensmöglichkeiten für die lokale Bevölkerung.
8. Schaffung von Anreizen zum Schutz und zur nachhaltigen Nutzung der natürlichen Ressourcen sowie Entwicklung von alternativen Einkommensquellen als Ersatz für eingeschränkte oder untersagte Aktivitäten.
9. Absicherung, daß die Vorteile aus der Nutzung natürlicher Ressourcen unter den Interessengruppen gerecht verteilt werden, z.B. durch Aufteilung von Eintrittsgeldern, durch den Verkauf von Naturprodukten oder Kunsthandwerk sowie durch Nutzung lokaler Konstruktionstechniken und Arbeitskräfte und Entwicklung nachhaltiger Aktivitäten (z.B. Landwirtschaft, Forstwirtschaft).

Teilziel II.2: Stärkung der Harmonisierung und Interaktion zwischen den verschiedenen Zonen der Biosphärenreservate

Empfehlungen für die nationale Ebene:

1. Sicherstellen, daß jedes Biosphärenreservat über eine effiziente Bewirtschaftungspolitik oder einen Bewirtschaftungsplan sowie über eine geeignete Behörde oder einen Umsetzungsmechanismus verfügt.
2. Entwicklung von Mechanismen zur Identifizierung von Unverträglichkeiten zwischen der Schutz- und der Nutzfunktion der Biosphärenreservate und Ergreifen von Maßnahmen zur Sicherung eines angemessenen Gleichgewichtes zwischen den Funktionen.

Empfehlungen auf der Ebene des einzelnen Biosphärenreservats:

3. Erarbeitung und Einrichtung institutioneller Mechanismen zur Bewirtschaftung, Abstimmung und Integration der Programme und Aktivitäten des Biosphärenreservats.
4. Schaffung eines örtlichen Beratungsrahmens, in dem die wirtschaftlichen und sozialen Interessengruppen des Biosphärenreservats vertreten sind und der sämtliche Interessen einbezieht (z.B. Land- und Forstwirtschaft, Jagd- und Sammelwirtschaft, Wasser- und Energieversor-

gung, Fischerei, Tourismus, Erholung, Forschung).

Teilziel II.3: Integration der Biosphärenreservate in die Raumplanung

Empfehlungen für die nationale Ebene:

1. Einbeziehung der Biosphärenreservate in die regionale Raumordnung und in regionale Projekte zur Bodennutzungsplanung.
2. Ermunterung der größeren landnutzenden Wirtschaftssektoren in der Nähe der Biosphärenreservate zu nachhaltiger Landnutzung.

Empfehlungen auf der Ebene des einzelnen Biosphärenreservats:

3. Veranstaltung von Foren und Einrichtung von Demonstrationsstandorten für die Untersuchung der sozio-ökonomischen und ökologischen Probleme der Region und für die nachhaltige Nutzung der für die Region wichtigen biologischen Ressourcen.

ZIEL III: NUTZUNG DER BIOSPHÄRENRESERVATE ZUR FORSCHUNG, UMWELTBEOBACHTUNG, BILDUNG UND AUSBILDUNG

Teilziel III.1: Verbesserung des Kenntnisstandes über die Wechselwirkungen zwischen Mensch und Biosphäre

Empfehlungen für die internationale Ebene:

1. Nutzung des Weltnetzes der Biosphärenreservate zur vergleichenden ökologischen und sozioökonomischen Forschung, einschließlich langfristiger Forschung über mehrere Dekaden.
2. Nutzung des Weltnetzes der Biosphärenreservate für internationale Forschungsprogramme, z.B. über Biodiversität, Wüstenbildung, Wasserkreisläufe, Ethnologie und Global Change.
3. Nutzung des Weltnetzes der Biosphärenreservate für gemeinschaftliche Forschungsprogramme auf regionaler und überregionaler Ebene, wie sie bereits in der südlichen Hemisphäre, in Ostasien und Lateinamerika bestehen.
4. Förderung der Entwicklung innovativer, interdisziplinärer Forschungsinstrumente für Biosphärenreservate, einschließlich flexibler Modellsysteme zur Einbeziehung gesellschaftlicher, wirtschaftlicher und ökologischer Daten.
5. Einrichtung einer zentralen Informationsstelle für Forschungsinstrumente und -methoden für Biosphärenreservate.
6. Förderung der Zusammenarbeit zwischen dem Weltnetz der Biosphärenreservate und anderen Forschungs- und Bildungsnetzen sowie Erleichterung der Nutzung der Biosphärenreservate für gemeinsame Forschungsprojekte von Zusammenschlüssen von Universitäten und anderen Einrichtungen der Forschung und Lehre auf dem privaten und öffentlichen Sektor sowie auf staatlicher und nichtstaatlicher Ebene.

Empfehlungen für die nationale Ebene:

7. Integration der Biosphärenreservate in nationale und regionale wissenschaftliche Forschungsprogramme; Einbindung dieser Programme in nationale und überregionale politische Maßnahmen für den Schutz und die nachhaltige Entwicklung.

Empfehlungen auf der Ebene des einzelnen Biosphärenreservats:

8. Nutzung der Biosphärenreservate für Grundlagenforschung und angewandte Forschung, insbesondere für Projekte mit einem Schwerpunkt auf lokalen Themen, für interdisziplinäre, Natur und Gesellschaftswissenschaften umfassende Projekte sowie für Projekte, die die Sanierung geschädigter Ökosysteme, die Erhaltung von Böden und Gewässern und die nachhaltige Nutzung natürlicher Ressourcen beinhalten.

9. Entwicklung eines funktionalen Systems der Datenhaltung für die rationelle Nutzung von Forschungs- und Umweltbeobachtungsergebnissen für die Bewirtschaftung des Biosphärenreservates.

Teilziel III.2: Verbesserung der Umweltbeobachtung

Empfehlungen für die internationale Ebene:

1. Nutzung des Weltnetzes der Biosphärenreservate auf internationaler, überregionaler, nationaler und örtlicher Ebene als prioritär langfristige Beobachtungsstandorte für internationale Programme, die sich z.B. auf terrestrische und marine Beobachtungssysteme, Global Change, Biodiversität und Waldzustand beziehen.

2. Förderung der Anwendung standardisierter Protokolle für Meta-Daten zur Beschreibung von Fauna und Flora mit dem Ziel, den Austausch, die Zugänglichkeit und die Nutzung wissenschaftlicher, in Biosphärenreservaten gewonnener Informationen zu erleichtern.

Empfehlungen für die nationale Ebene:

3. Förderung der Einbindung von Biosphärenreservaten in nationale Programme zur ökologischen Umweltbeobachtung sowie der Entwicklung von Verbindungen zwischen Biosphärenreservaten und anderen Beobachtungsstellen und -netzen.

Empfehlungen für die Ebene des einzelnen Biospärenreservats:

4. Nutzung des Biosphärenreservats für Bestandsaufnahmen von Flora und Fauna, für die Erfassung ökologischer und sozioökonomischer Daten, für meteorologische und hydrologische Beobachtungen, bei der Untersuchung der Auswirkungen von Verschmutzung usw., sowie zu wissenschaftlichen Zwecken und als Grundlage für eine nachhaltige Bewirtschaftung des einzelnen Standortes.

5. Nutzung des Biosphärenreservats als Experimentierfeld für Entwicklung und Erprobung von Methoden und Ansätzen für die Bewertung und kontinuierliche Beobachtung der Biodiversität, der Nachhaltigkeit und der Lebensqualität der Einwohner.

6. Nutzung des Biosphärenreservats zur Entwicklung von Indikatoren für (ökologische, ökonomische, soziale und institutionelle) Nachhaltigkeit der verschiedenen Produktionsaktivitäten innerhalb der Puffer- und Übergangszone.

7. Entwicklung eines funktionalen Systems des Datenmanagements für den rationellen Einsatz der Forschungs- und Umweltbeobachtungsergebnisse bei der Bewirtschaftung der Biosphärenreservate.

Teilziel III.3: Verbesserung der Bildungsmaßnahmen sowie der allgemeinen Bewußtseinsbildung und Beteiligung der Öffentlichkeit

Empfehlungen für die internationale Ebene:

1. Erleichterung des Erfahrungs- und Informationsaustausches zwischen Biosphärenreservaten, um die Beteiligung von Freiwilligen und der lokalen Bevölkerung an Aktivitäten in den Biosphärenreservaten zu fördern.

2. Förderung der Entwicklung von Kommunikationssystemen zur Verbreitung von Informationen über Biosphärenreservate und von Erfahrungen auf örtlicher Ebene.

Empfehlungen für die nationale Ebene:

3. Aufnahme von Informationen über in Biosphärenreservaten praktizierte Maßnahmen zur Erhaltung und nachhaltigen Nutzung in Lehrpläne und Lehrbücher sowie in die Berichterstattung der Medien;

4. Förderung der Beteiligung von Biosphärenreservaten an internationalen Netzen und Programmen zur Stärkung von Querverbindungen im Bildungsbereich und im öffentlichen Bewußtsein.

Empfehlungen auf Ebene des einzelnen Biosphärenreservats:

5. Förderung der Beteiligung von örtlichen Gemeinschaften, Schulkindern und sonstigen Interessengruppen an Bildungs- und Ausbildungsprogrammen sowie an Forschungs- und Beobachtungsaktivitäten in Biosphärenreservaten.
6. Erstellung von Besucherinformationen über das Biosphärenreservat, seine Bedeutung für die Erhaltung und nachhaltige Nutzung der biologischen Vielfalt, seine soziokulturellen Aspekte sowie seine Programme und Angebote für den Freizeit- und Bildungssektor.
7. Förderung der Entwicklung praxisbezogener Bildungszentren in einzelnen Biosphärenreservaten als Einrichtungen, die einen Beitrag zur Bildung von Schulkindern und anderen Gruppen leisten.

Teilziel III.4: Verbesserung der Ausbildung von Spezialisten und Managern

Empfehlungen für die internationale Ebene:

1. Nutzung des Weltnetzes der Biosphärenreservate zur Unterstützung und Förderung internationaler Ausbildungsmöglichkeiten.
2. Bestimmung repräsentativer Biosphärenreservate zu regionalen Schulungszentren.

Empfehlungen für die nationale Ebene:

3. Ermittlung des Ausbildungsbedarfes für mit der Bewirtschaftung von Biosphärenreservaten betraute Personen im 21. Jahrhundert und Erarbeitung von Modellen für Ausbildungsprogramme zu Themen wie der Gestaltung und Umsetzung von Inventur- und Umweltbeobachtungsprogrammen in Biosphärenreservaten, der Auswertung und Untersuchung soziokultureller Bedingungen, der Konfliktlösung sowie der gemeinschaftlichen Bewirtschaftung von Ressourcen auf der Ebene von Ökosystemen oder Landschaften.

Empfehlungen für die Ebene des einzelnen Biosphärenreservats:

4. Nutzung des Biosphärenreservats für die Ausbildung vor Ort und für nationale, regionale und lokale Seminare.
5. Förderung der Ausbildung der örtlichen Bevölkerung und anderer Interessengruppen sowie ihrer Beschäftigung mit dem Ziel, ihre volle Beteiligung an Inventur-, Beobachtungs- und Forschungsprogrammen in Biosphärenreservaten zu ermöglichen.
6. Förderung von Ausbildungsprogrammen für lokale Gemeinschaften und sonstige lokale Akteure (Entscheidungsträger, Gemeindevorsteher und Arbeitskräfte, die in der Produktion, in Technologietransferprogrammen sowie in Programmen zur Entwicklung der Gemeinschaft tätig sind), um ihnen eine vollständige Beteiligung an dem Planungs-, Bewirtschaftungs- und Beobachtungsprozeß im Biosphärenreservat zu ermöglichen.

ZIEL IV: UMSETZUNG DES KONZEPTES DER BIOSPHÄRENRESERVATE

Teilziel IV.1: Integration der Funktionen der Biosphärenreservate

Empfehlungen für die internationale Ebene:

1. Auswahl und Verbreitung von Informationen über "Modell-Biosphärenreservate", deren Erfahrungen für Dritte auf nationaler, regionaler und internationaler Ebene von Vorteil sein können.
2. Beratung bei der Ausarbeitung und regelmäßigen Evaluierung von Strategien und nationalen Aktionsplänen für Biosphärenreservate.
3. Veranstaltung von Foren und Aufbau anderer Mechanismen zum Austausch von Informationen für Personen, die für die Bewirtschaftung von Biosphärenreservaten zuständig sind.
4. Erarbeitung und Verbreitung von Empfehlungen zur Entwicklung von Bewirtschaf-

tungsplänen und Bewirtschaftungsstrategien für Biosphärenreservate.

5. Erarbeitung von Richtlinien für die Bewirtschaftung von Biosphärenreservaten, einschließlich Maßnahmen zur Sicherung der örtlichen Beteiligung, Fallstudien verschiedener Bewirtschaftungsoptionen und Techniken zur Lösung von Konflikten.

Empfehlungen für die nationale Ebene:

6. Sicherstellen, daß jedes Biosphärenreservat über einen effektiven Bewirtschaftungsplan oder eine Bewirtschaftungsstrategie und eine zuständige Behörde oder einen Umsetzungsmechanismus verfügt.

7. Förderung von privaten Initiativen zur Begründung und Aufrechterhaltung umwelt- und sozialverträglicher Aktivitäten in den entsprechenden Zonen der Biosphärenreservate und den sie umgebenden Gebieten, um die Entwicklung der örtlichen Gemeinschaften zu stimulieren.

8. Entwicklung und regelmäßige Überprüfung von Strategien und nationalen Aktionsplänen für Biosphärenreservate. Durch diese Strategien sollten die anderen nationalen Instrumente des Naturschutzes möglichst ergänzt und der besondere Beitrag der Biosphärenreservate zur Geltung gebracht werden.

9. Veranstaltung von Foren und Aufbau anderer Mechanismen zum Austausch von Informationen für die Personen, die für die Bewirtschaftung von Schutzgebieten zuständig sind.

Empfehlungen für die Ebene des einzelnen Biosphärenreservats:

10. Kartierung der verschiedenen Zonen der Biosphärenreservate und Festlegung ihres jeweiligen Status.

11. Erabeitung, Umsetzung und Evaluierung eines umfassenden Bewirtschaftungsplanes oder einer Strategie zur Bewirtschaftung sämtlicher Zonen des Biosphärenreservates.

12. Sofern im Hinblick auf den Schutz der Kernzone notwendig: Neuplanung der Puffer- und Übergangszone unter Anwendung von Nachhaltigkeitskriterien.

13. Festlegung und Aufbau institutioneller Mechanismen zur Bewirtschaftung, Koordinierung und Integration der Programme und Aktivitäten für Biosphärenreservate.

14. Sicherstellen, daß sich die örtliche Gemeinschaft an der Planung und Bewirtschaftung des Biosphärenreservates beteiligen kann.

15. Förderung von privaten Initiativen zur Begründung und Aufrechterhaltung langfristiger umwelt- und sozialverträglicher Aktivitäten in Biosphärenreservaten und den sie umgebenden Gebieten.

Teilziel IV.2: Stärkung des Weltnetzes der Biosphärenreservate

Empfehlungen für die internationale Ebene:

1. Bereitstellung angemessener Mittel zur Umsetzung der Statuten des Weltnetzes der Biosphärenreservate.

2. Ermöglichung einer regelmäßigen Überprüfung der Biosphärenreservate durch den jeweils zuständigen Staat in Übereinstimmung mit den Statuten des Weltnetzes der Biosphärenreservate und Unterstützung der Staaten durch Maßnahmen zur Sicherung der Funktionsfähigkeit ihrer Biosphärenreservate.

3. Unterstützung des Beratungskomitees für Biosphärenreservate der UNESCO und umfasssende Berücksichtigung und Nutzung seiner Empfehlungen und Ratschläge.

4. Lenkung der Kommunikation zwischen Biosphärenreservaten unter Berücksichtigung ihrer Kommunikationsmöglichkeiten und ihrer technischen Möglichkeiten sowie Stärkung bestehender und geplanter regionaler und thematischer Netze.

5. Entwicklung kreativer Verbindungen und Partnerschaften mit anderen Netzen ähnlich bewirtschafteter Gebiete und mit internationalen Regierungs- und Nichtregierungsorganisationen, deren Ziele sich mit denen der Biosphärenreservate überschneiden.

6. Förderung von Partnerschaften zwischen Biosphärenreservaten und Unterstützung grenzüberschreitender Biosphärenreservate.
7. Erhöhung des Bekanntheitsgrades von Biosphärenreservaten durch Verteilung von Informationsmaterial, Entwicklung von Kommunikationsstrategien und Hervorhebung ihrer Rolle als Mitglieder im Weltnetz der Biosphärenreservate.
8. Unterstützung der Einbeziehung von Biosphärenreservaten in von bi- und multilateralen Hilfsorganisationen finanzierte Projekte, sofern dies möglich ist.
9. Mobilisierung privater Mittel - aus der Industrie, von Nichtregierungsorganisationen und Stiftungen - zugunsten von Biosphärenreservaten.
10. Entwicklung von Standards und Methoden zur Erhebung und zum Austausch verschiedenster Daten und Unterstützung bei ihrer Anwendung im gesamten Weltnetz der Biosphärenreservate.
11. Beobachtung, Bewertung und Weiterverfolgung der Umsetzung der Sevilla-Strategie mit Hilfe der Umsetzungsindikatoren und Analyse der Faktoren, die Einhaltung der Indikatoren erleichtern bzw. behindern.

Empfehlungen für die nationale Ebene:

12. Bereitstellung angemessener Mittel zur Umsetzung der Internationalen Leitlinien für das Weltnetz der Biosphärenreservate.
13. Bildung einer nationalen Einrichtung zur Beratung und Koordinierung der Biosphärenreservate; umfassende Berücksichtigung und Nutzung seiner Empfehlungen und Ratschläge.
14. Evaluierung der Arbeit und des Status der Biosphärenreservate eines jeden Staates in Übereinstimmung mit den Internationalen Leitlinien für das Weltnetz der Biosphärenreservate und Bereitstellung ausreichender Mittel für die Beseitigung von Mängeln.
15. Entwicklung kreativer Verbindungen und Partnerschaften mit anderen Netzen ähnlich bewirtschafteter Gebiete und mit internationalen Regierungs- und Nichtregierungsorganisationen, deren Ziele mit denen der Biosphärenreservate vergleichbar sind.
16. Eruieren von Möglichkeiten zur Bildung von Partnerschaften zwischen Biosphärenreservaten und gegebenenfalls Einrichtung grenzüberschreitender Biosphärenreservate.
17. Erhöhung des Bekanntheitsgrades der Biosphärenreservate durch Verteilung von Informationsmaterial, Entwicklung von Kommunikationsstrategien und Betonung ihrer Rolle als Mitglieder des Weltnetzes der Biosphärenreservate.
18. Berücksichtigung von Biosphärenreservaten bei Finanzierungsvorschlägen an internationale und bilaterale Finanzierungsmechanismen einschließlich der Globalen Umweltfazilität (GEF).
19. Mobilisierung privater Mittel - aus der Industrie, von Nichtregierungsorganisationen und von Stiftungen - zugunsten von Biosphärenreservaten.
20. Beobachtung, Bewertung und Weiterverfolgung der Umsetzung der Sevilla-Strategie mit Hilfe der Umsetzungsindikatoren und Analyse der Faktoren, die die Einhaltung der Indikatoren erleichtern bzw. behindernden.

Empfehlungen für die Ebene des einzelnen Biosphärenreservats:

21. Erhöhung des Bekanntheitsgrades der Biosphärenreservate durch Verteilung von Informationsmaterial, Entwicklung von Kommunikationsstrategien und Betonung ihrer Rolle als Mitglieder des Weltnetzes der Biosphärenreservate.
22. Mobilisierung privater Mittel - aus der Industrie, von Nichtregierungsorganisationen und von Stiftungen - zugunsten von Biosphärenreservaten.
23. Beobachtung, Bewertung und Weiterverfolgung der Umsetzung der Sevilla-Strategie mit Hilfe der Umsetzungsindikatoren und Analyse der Faktoren, die die Einhaltung der Indikatoren erleichtern bzw. behindern.

INDIKATOREN FÜR DIE UMSETZUNG   QUERVERWEIS

Internationale Ebene

Nutzung der Biosphärenreservate für die Umsetzung der Biodiversitätskonvention	I.1.1
Entwicklung eines verbesserten biogeographischen Systems	I.1.2
Entwicklung neuer grenzüberschreitender Biosphärenreservate	I.2.1; IV.2.6
Entwicklung und Veröffentlichung von Leitlinien	II.1.1; IV.1.4; IV.1.5
Umsetzung netzweiter Forschungsprogramme	III.1.1
Einbeziehung von Biosphärenreservaten in internationale Forschungsprogramme	III.1.2
Entwicklung von regionalen und überregionalen Forschungsprogrammen	III.1.3
Entwicklung interdisziplinärer Forschungsinstrumente	III.1.4
Entwicklung einer zentralen Informationsstelle (Clearing-house) für Forschungsinstrumente und Methoden	III.1.5
Zusammenarbeit mit anderen Forschungs- und Bildungsnetzen	III.1.6
Einbeziehung von Biosphärenreservaten in internationale Umweltbeobachtungsprogramme	III.2.1
Vereinbarung standardisierter Protokolle und -methoden für Daten und Datenaustausch	III.2.2; IV.2.10
Entwicklung von Mechanismen zum Erfahrungs- und Informationsaustausch zwischen Biosphärenreservaten	III.3.1
Einrichtung eines Kommunikationssystems zwischen den Biosphärenreservaten	III.3.2; IV.2.4; IV.2.7
Entwicklung von Fortbildungsmöglichkeiten und -programmen auf internationaler Ebene	III.4.1
Bestimmung und Entwicklung von regionalen Fortbildungszentren	III.4.2
Auswahl und Bekanntmachung von Modell-Biosphärenreservaten	IV.1.1
Beratung bei der Erarbeitung und Überprüfung von Strategien und nationalen Aktionsplänen für Biosphärenreservate	IV.1.2
Entwicklung von Mechanismen zum Informationsaustausch zwischen Biosphärenreservatsmanagern	IV.1.3
Umsetzung der Internationalen Leitlinien für das Weltnetz der Biosphärenreservate auf internationaler und nationaler Ebene	IV.2.1; IV.2.2
Effektivität des Beratungskomitees für Biosphärenreservate	IV.2.3
Entwicklung oder Stärkung regionaler oder thematischer Netze	IV.2.4
Entwicklung von Beziehungen zwischen Biosphärenreservaten und vergleichbar bewirtschafteten Gebieten und Organisationen	IV.2.5
Entwicklung von Mechanismen zur Unterstützung von Partnerschaften zwischen Biosphärenreservaten	IV.2.6
Entwicklung von Informationsmaterial für das Weltnetz der Biosphärenreservate	IV.2.7
Entwicklung von Strategien zur Einbeziehung von Biosphärenreservaten in bilaterale und multilaterale Unterstützungsprojekte	IV.2.8
Entwicklung von Strategien zur Mittelbeschaffung aus der Wirtschaft, von Nichtregierungsorganisationen und Stiftungen	IV.2.9
Anwendung von Datenstandards und -methoden im Weltnetz	IV.2.10
Entwicklung von Mechanismen zur Evaluierung der Umsetzung der Sevilla-Strategie	IV.2.11

INDIKATOREN FÜR DIE UMSETZUNG — QUERVERWEIS

Nationale Ebene

Indikator	Querverweis
Vorbereitung einer biogeographischen Analyse	I.1.3
Abschluß der Analyse der Notwendigkeit neuer oder erweiterter Biosphärenreservate	I.1.4; II.1.3
Einbeziehung der Biosphärenreservate in nationale Strategien und andere Programme zur Umsetzung des Übereinkommens über die Biologische Vielfalt und anderer Übereinkommen	I.2.2; I.1.3
Entwicklung von Verbindungen zwischen Biosphärenreservaten	I.2.4
Aufstellung von Plänen zur In-Situ-Erhaltung genetischer Ressourcen in Biosphärenreservaten	I.2.5
Einbindung von Biosphärenreservaten in Planungen zur nachhaltigen Entwicklung	II.1.2
Einrichtung oder Stärkung von Biosphärenreservaten, um traditionelle Lebensstile in Gebiete kritischer Mensch-Umwelt-Beziehungen einzubeziehen	II.1.3
Bestimmung und Bekanntmachung von Aktivitäten zum Schutz und zur nachhaltigen Nutzung	II.1.4
Einführung effektiver Managementpläne oder -strategien in allen Biosphärenreservaten	II.2.1; IV.1.6
Entwicklung von Mechanismen zur Identifizierung von Unverträglichkeiten zwischen Schutz und nachhaltigen Nutzungsfunktionen, Sicherung eines angemessenen Gleichgewichtes zwischen diesen Funktionen	II.2.2
Einbeziehung von Biosphärenreservaten in regionale Entwicklungs- und Landnutzungsplanungsprojekte	II.3.1
Ermutigung, auch in benachbarten Gebieten nachhaltige Nutzungspraktiken anzuwenden	II.3.2; IV.1.7
Einbeziehung von Biosphärenreservaten in nationale und regionale Forschungsprogramme, die mit Schutz und Entwicklungsstrategien verbunden sind	III.1.7
Einbeziehung von Biosphärenreservaten in nationale Umweltbeobachtungsprogramme und Verbindung zu vergleichbaren Standorten und Netz	III.2.3
Einbeziehung der Prinzipien des Schutzes und der nachhaltigen Nutzung in Biosphärenreservaten in Schulprogramme	III.3.3
Einbeziehung von Biosphärenreservaten in internationale Erziehungsnetze und -programme	III.3.4
Entwicklung von modellhaften Fortbildungsprogrammen für Biosphärenreservatsmanager	III.4.3
Entwicklung von Mechanismen zur Evaluierung nationaler Strategien und Aktionspläne für Biosphärenreservate	IV.1.8
Entwicklung von Mechanismen für den Informationsaustausch zwischen Biosphärenreservatsmanagern	IV.1.9
Umsetzung der Internationalen Leitlinien für das Weltnetz der Biosphärenreservate auf nationaler Ebene	IV.2.12; IV.2.14
Entwicklung eines nationalen Mechanismus zur Beratung oder Koordinierung der Biosphärenreservate	IV.2.13
Entwicklung von Beziehungen zwischen Biosphärenreservaten und vergleichbar bewirtschafteten Gebieten und mit Organisationen mit vergleichbaren Zielen	IV.2.15
Entwicklung von Mechanismen zur Stärkung von Partnerschaften zwischen Biosphärenreservaten	IV.2.16
Entwicklung von Materialien zur Öffentlichkeitsarbeit über das Weltnetz der Biosphärenreservate	IV.2.17
Entwicklung von Strategien zur Einbeziehung von Biosphärenreservaten in bilaterale oder multilaterale Entwicklungsprojekte	IV.2.18
Entwicklung von Strategien zur Mittelbeschaffung aus der Wirtschaft, von Nichtregierungsorganisationen und von Stiftungen	IV.2.19
Entwicklung von Mechanismen zur Evaluierung und Bewertung der Umsetzung der Sevilla-Strategie	IV.2.20

INDIKATOREN FÜR DIE UMSETZUNG	QUERVERWEIS
Ebene des einzelnen Biosphärenreservats	
Evaluierung der Interessen aller Interessensgruppen im Biosphärenreservat	II.1.5
Identifizierung von Faktoren, die zu Umweltschäden und zu nicht nachhaltigen Nutzungsformen führen	II.1.6
Bewertung der Naturprodukte und Wohlfahrtsfunktionen des Biosphärenreservates	II.1.7
Identifizierung von Fördermöglichkeiten für die Anwendung nachhaltiger Nutzung durch die örtliche Bevölkerung	II.1.8
Vorbereitung eines Planes für gerechte Aufteilung von (wirtschaftlichen) Vorteilen	II.1.9
Entwicklung von Mechanismen zum Management, zur Koordinierung und zur Integration der gesamten Aktivitäten des Biosphärenreservates	II.2.3; IV.1.10; IV.1.12
Einrichtung eines örtlichen Beratungswerkes	II.2.4
Entwicklung regionaler Beispiele	II.3.3
Umsetzung eines koordinierten Forschungs- und Umweltbeobachtungsplanes	III.1.8; III.2.4
Einrichtung eines funktionalen Systems des Datenmanagements	III.1.9; III.2.7
Nutzung des Biosphärenreservats zur Entwicklung und Erprobung von Methoden der Umweltbeobachtung	III.2.5
Nutzung des Biosphärenreservats zur Entwicklung von Indikatoren der Nachhaltigkeit, die wichtig für die örtliche Bevölkerung sind	III.2.5; II.2.6
Einbeziehung lokaler Interessensgruppen in Erziehungs-, Fortbildungs-, Forschungs- und Umweltbeobachtungsprogramme	III.3.5; III.4.5
Entwicklung eines Informationsdienstes für Besucher	II.3.6
Entwicklung einer ökologischen Feldstation im Biosphärenreservat	III.3.7
Nutzung des Biosphärenreservates für lokale Fortbildungsaktivitäten	III.4.4
Einrichtung eines lokalen Erziehungs- und Fortbildungsprogrammes	III.4.6
Identifizierung und Kartierung der Zonen des Biosphärenreservates	IV.1.10
Anpassung der Pflege- und Entwicklungszone, um nachhaltige Entwicklung zu fördern und die Schutzzone zu erhalten	IV.1.12
Einbeziehung der lokalen Bevölkerung in Planung und Bewirtschaftung	IV.1.14
Förderung von Initiativen des privaten Sektors zur Errichtung und Erhaltung nachhaltiger umwelt- und sozialverträglicher Aktivitäten	IV.1.15
Entwicklung von Informationsmaterial über das Weltnetz der Biosphärenreservate	IV.2.21
Entwicklung von Strategien zur Mittelbeschaffung aus der Wirtschaft, von Nichtregierungsorganisationen und Stiftungen	IV.2.22
Entwicklung von Mechanismen zur Evaluierung und Bewertung der Umsetzung der Sevilla-Strategie	IV.2.23

DIE INTERNATIONALEN LEITLINIEN FÜR DAS WELTNETZ DER BIOSPHÄRENRESERVATE

Einführung

Im Rahmen des UNESCO-Programmes "Der Mensch und die Biosphäre" (MAB) werden Biosphärenreservate mit dem Ziel eingerichtet, eine ausgewogene Beziehung zwischen Menschen und der Biosphäre zu fördern und beispielhaft darzustellen. Biosphärenreservate werden vom Internationalen Koordinationsrat (ICC) des MAB-Programms auf Antrag des betreffenden Staates ausgewiesen. Biosphärenreservate unterliegen der ausschließlichen Hoheitsgewalt desjenigen Staates, in dem sie sich befinden. Sie fallen ausschließlich unter seine Rechtsprechung. Die Biosphärenreservate bilden ein Weltnetz, die Beteiligung der Staaten daran ist freiwillig.

Die vorliegenden Internationalen Leitlinien für das Weltnetz der Biosphärenreservate wurden mit dem Ziel aufgestellt, die Effektivität der einzelnen Biosphärenreservate zu steigern sowie gegenseitiges Verständnis, Kommunikation und Zusammenarbeit auf regionaler und internationaler Ebene zu stärken.

Die Internationalen Leitlinien für das Weltnetz der Biosphärenreservate sollen zu einer breiten Anerkennung der Biosphärenreservate beitragen und aussagekräftige Beispiele in der Praxis fördern und unterstützen. Der Ausschluß von Biosphärenreservaten aus dem Netz sollte als Ausnahme von diesem grundsätzlichen positiven Ansatz angesehen werden. Ein Ausschlußverfahren setzt umfangreiche Überprüfungsverfahren voraus, bei denen die kulturellen und sozio-ökonomischen Verhältnisse des betreffenden Staates angemessen berücksichtigt werden. Ebenso ist eine vorherige Konsultation mit der betreffenden Regierung vorgesehen.

In den Internationalen Leitlinien für das Weltnetz der Biosphärenreservate sind Maßnahmen zur Ausweisung, Unterstützung und Förderung von Biosphärenreservaten vorgesehen. Dabei wird die Diversität örtlicher und nationaler Umstände berücksichtigt. Die Staaten werden darin bestärkt, nationale Kriterien für Biosphärenreservate zu erarbeiten und anzuwenden, die auf den spezifischen Bedingungen des betreffenden Staates beruhen.

ARTIKEL 1 - Begriffsbestimmung

Biosphärenreservate sind Gebiete, bestehend aus terrestrischen und Küsten- sowie Meeresökosystemen oder aus einer Kombination derselben, die international im Rahmen des UNESCO-Programms "Der Mensch und die Biosphäre" (MAB) nach Maßgabe vorliegender Internationaler Leitlinien für das Weltnetz der Biosphärenreservate anerkannt werden.

ARTIKEL 2 - Weltnetz der Biosphärenreservate

1. Biosphärenreservate bilden ein Weltnetz, das Weltnetz der Biosphärenreservate, im folgenden als Netz bezeichnet.

2. Das Netz stellt ein Instrument zur Erhaltung der biologischen Vielfalt und nachhaltigen Nutzung seiner Bestandteile dar und leistet somit einen Beitrag zu den Zielen des Übereinkommens über Biologische Vielfalt und anderer einschlägiger Übereinkünfte und Instrumente.

3. Die einzelnen Biosphärenreservate verbleiben unter der Hoheitsgewalt des Staates, zu dem sie gehören. Im Rahmen der vorliegenden Internationalen Leitlinien ergreifen die Staaten Maßnahmen, die sie nach Maßgabe ihres nationalen Rechtes als erforderlich erachten.

ARTIKEL 3 - Funktionen

Durch die Verbindung der drei im folgenden aufgeführten Funktionen sollen Biosphärenreservate Modellstandorte zur Erforschung und Demonstration von Ansätzen zu Schutz und nachhaltiger Entwicklung auf regionaler Ebene sein:

(i) Schutz: Beitrag zur Erhaltung von Landschaften, Ökosystemen, Arten und genetischer Vielfalt;

(ii) Entwicklung: Förderung einer wirtschaftlichen und menschlichen Entwicklung, die soziokulturell und ökologisch nachhaltig ist;

(iii) Logistische Unterstützung: Förderung von Demonstrationsprojekten, Umweltbildung und -ausbildung, Forschung und Umweltbeobachtung im Rahmen lokaler, regionaler, nationaler und weltweiter Themen des Schutzes und der nachhaltigen Entwicklung;

ARTIKEL 4 - Kriterien

Allgemeine Kriterien, als Voraussetzung für die Anerkennung eines Gebietes als Biosphärenreservat, sind:

1. Das Gebiet soll sich aus einer Reihe verschiedener ökologischer Systeme zusammensetzen, die für bedeutende biogeographische Systeme repräsentativ sind, einschließlich abgestufter Formen des Eingriffs durch den Menschen;
2. das Gebiet soll für die Erhaltung der biologischen Vielfalt von Bedeutung sein;
3. das Gebiet soll die Möglichkeit bieten, Ansätze zur nachhaltigen Entwicklung auf regionaler Ebene zu erforschen und zu demonstrieren;
4. das Gebiet soll über eine ausreichende Größe verfügen, um die in Artikel 3 aufgeführten Funktionen der Biosphärenreservate erfüllen zu können;
5. das Gebiet soll diese Funktionen durch eine entsprechende Einteilung in die folgenden Zonen erfüllen:
   (a) eine gesetzlich definierte Kernzone oder Gebiete, die langfristigem Schutz gewidmet sind, und die mit den Schutzzielen des Biosphärenreservates übereinstimmen sowie eine ausreichende Größe zur Erfüllung dieser Ziele aufweisen;
   (b) eine Pufferzone (In Deutschland wird diese Zone auch als Pflegezone bezeichnet.) oder eindeutig festgelegte Zonen, die die Kernzone/n umschließen oder an sie angrenzen, in denen nur Aktivitäten stattfinden, die mit den Schutzzielen vereinbar sind;
   (c) eine äußere Übergangszone (In Deutschland wird diese Zone auch als Entwicklungszone bezeichnet.), in der Vorgehensweisen zur nachhaltigen Bewirtschaftung von Ressourcen gefördert und entwickelt werden.
6. Für eine angemessene Beteiligung und Mitarbeit u.a. von Behörden, örtlichen Gemeinschaften und privaten Interessen bei der Bestimmung und Ausübung der Funktionen eines Biosphärenreservates sollen organisatorische Vorkehrungen getroffen werden.
7. Zusätzlich sollen Vorkehrungen getroffen werden für
   (a) Mechanismen zur Lenkung der menschlichen Nutzung und Aktivitäten in der oder den Pufferzonen;
   (b) Strategien oder Pläne zur Bewirtschaftung des Gebietes als Biosphärenreservat;
   (c) die Bestimmung einer Behörde oder eines Mechanismus zur Umsetzung dieser Strategien bzw. Pläne;
   (d) Programme zur Forschung, Umweltbeobachtung, Bildung und Ausbildung.

ARTIKEL 5 - Anerkennungsverfahren

1. Biosphärenreservate werden vom Internationalen Koordinationsrat (ICC) des MAB-Programmes nach folgendem Verfahren als Mitglieder des Netzes anerkannt:
   (a) Über ihr MAB-Nationalkomitee, sofern vorhanden, reichen die Staaten Anträge mit begleitenden Unterlagen beim Internationalen MAB-Sekretariat der UNESCO ein, nachdem sie in Frage kommende Landschaften unter Berücksichtigung der in Artikel 4 definierten Kriterien überprüft haben;
   (b) das Sekretariat überprüft den Inhalt sowie die begleitenden Unterlagen; sofern der Antrag unvollständig sein sollte, bittet das Sekretariat den antragstellenden Staat, fehlende Informationen nachzureichen;
   (c) die Anträge werden dem Beratungskomitee für Biosphärenreservate zu Stellungnahme und Empfehlung an den ICC vorgelegt;

(d) der Internationale Koordinationsrat (ICC) des MAB-Programmes entscheidet über die Anträge auf Anerkennung.

Der Generaldirektor der UNESCO benachrichtigt den betreffenden Staat über die Entscheidung des ICC.

2. Staaten werden ermutigt, ihre bestehenden Biosphärenreservate zu überprüfen, zu verbessern und gegebenenfalls ihre Erweiterung vorzuschlagen, damit sie im Rahmen des Netzes vollständig funktionsfähig sind. Erweiterungsvorschläge werden dem gleichen oben beschriebenen Anerkennungsverfahren unterzogen.

3. Biosphärenreservate, die vor der Verabschiedung der vorliegenden Internationalen Leitlinien für das Weltnetz der Biosphärenreservate anerkannt worden sind, werden bereits als Teil des Netzes betrachtet. Die Bedingungen der Internationalen Leitlinien für das Weltnetz der Biosphärenreservate gelten somit auch für diese Biosphärenreservate.

ARTIKEL 6 - Öffentlichkeitsarbeit

1. Die Anerkennung eines Gebietes zum Biosphärenreservat sollte vom Staat und der zuständigen Behörde publik gemacht sowie öffentlichkeitswirksam durch die Verbreitung von Informationsmaterial zum Ausdruck gebracht werden.

2. Für Biosphärenreservate innerhalb des Netzes sowie dessen Ziele sollte eine kontinuierliche Öffentlichkeitsarbeit betrieben werden.

ARTIKEL 7 - Mitarbeit im Netz

1. Die Staaten arbeiten im Rahmen gemeinsamer Maßnahmen des Netzes, einschließlich wissenschaftlicher Forschung und Umweltbeobachtung, auf globaler, regionaler und regional übergreifender Ebene mit oder fördern sie.

2. Die zuständigen Einrichtungen sollen die Ergebnisse von Forschungsarbeiten, damit zusammenhängende Veröffentlichungen und andere Daten, unter Berücksichtigung der Rechte auf geistiges Eigentum, zugänglich machen, um das Funktionieren des Netzes und den größtmöglichen Nutzen aus dem Informationsaustausch zu sichern.

3. Die Staaten und zuständigen Einrichtungen sollen die Umweltbildung und -ausbildung sowie die Entwicklung der menschlichen Ressourcen in Zusammenarbeit mit anderen Biosphärenreservaten im Netz fördern.

ARTIKEL 8 - Regionale und thematische Teilnetze

Die Staaten sollen die Bildung und den gemeinschaftlichen Betrieb regionaler und/oder thematischer Teilnetze von Biosphärenreservaten unterstützen und die Entwicklung des Informationsaustausches, einschließlich des elektronischen Informationsaustausches im Rahmen dieser Teilnetze fördern.

ARTIKEL 9 - Regelmäßige Überprüfung

1. Alle zehn Jahre soll der Zustand jedes Biosphärenreservates auf der Grundlage der Kriterien des Artikel 4 und basierend auf einem Bericht der für das jeweilige Biosphärenreservat zuständigen Einrichtung überprüft werden. Der betreffende Staat übermittelt den Bericht dem Sekretariat.

2. Das Beratungskomitee für Biosphärenreservate nimmt gegenüber dem ICC Stellung zu dem Bericht.

3. Der ICC prüft die periodischen Berichte der betreffenden Staaten.

4. Gelangt der ICC zu der Auffassung, daß der Zustand oder die Bewirtschaftung des Biosphärenreservates zufriedenstellend ist, oder sich seit der Anerkennung oder der letzten Überprüfung verbessert hat, bestätigt der ICC dieses förmlich.

5. Gelangt der ICC zu der Auffassung, daß die in Artikel 4 aufgeführten Kriterien vom Biosphärenreservat nicht mehr erfüllt werden, kann er dem betreffenden Staat empfehlen, unter Berücksichtigung seiner kulturellen und sozio-ökonomischen Verhält-

nisse, Maßnahmen zur Einhaltung der Bestimmungen des Artikel 4 zu ergreifen. Der ICC zeigt dem Sekretariat auf, wie es den betreffenden Staat bei der Umsetzung der Maßnahmen unterstützen solle.

6. Sollte der ICC feststellen, daß das betreffende Biosphärenreservat die Kriterien nach Artikel 4 dennoch nicht innerhalb eines angemessenen Zeitraumes erfüllt, wird das Gebiet nicht länger als Biosphärenreservat, das zum Netz gehört, bezeichnet.

7. Der Generaldirektor der UNESCO informiert den betreffenden Staat über die Entscheidung des ICC.

8. Sollte ein Staat ein Biosphärenreservat unter seiner Hoheitsgewalt aus dem Weltnetz streichen wollen, informiert er das Sekretariat. Die Mitteilung geht zur Kenntnisnahme an den ICC. Dieses Gebiet wird dann nicht länger als Biosphärenreservat, das zum Netz gehört, bezeichnet.

ARTIKEL 10 - Sekretariat

1. Die UNESCO handelt als Sekretariat des Weltnetzes und ist für seine Funktionsfähigkeit und seine Förderung verantwortlich. Das Sekretariat sorgt für Kommunikation und Zusammenarbeit zwischen einzelnen Biosphärenreservaten und Experten. Die UNESCO entwickelt und unterhält außerdem ein weltweit zugängliches Informationssystem über Biosphärenreservate, das mit anderen einschlägigen Initiativen verknüpft werden soll.

2. Um einzelne Biosphärenreservate und das Funktionieren des Netzes und seiner Teilnetze zu stärken, bemüht sich die UNESCO um finanzielle Unterstützung aus bilateralen und multilateralen Quellen.

3. Die Liste der Biosphärenreservate, die zum Weltnetz gehören, ihre Ziele sowie nähere Einzelheiten dazu, werden vom Sekretariat regelmäßig fortgeschrieben, veröffentlicht und verteilt.

IMPRESSUM

Herausgeber der deutschsprachigen Ausgabe:
Deutsches Nationalkomitee für das
UNESCO-Programm
"Der Mensch und die Biosphäre" (MAB)
Bundesamt für Naturschutz
Konstantinstr. 110, D-53179 Bonn
Tel.: (0228) 9543 - 400/405/410
Fax : (0228) 9543 - 480

Übersetzung aus dem Englischen: Birgit Strauss, Jürgen Nauber

Satzherstellung: Waltraud Zimmer, Wesselheideweg 67, D-53123 Bonn

Druck: Druckpartner Moser, Druck + Verlag GmbH, Postfach 12 95, D-53349 Rheinbach

Gedruckt auf mattgestrichenem Recyclingpapier

Das Werk einschließlich aller seiner Teile ist urheberrechtlich geschützt. Jede Verwertung außerhalb der engen Grenzen des Urheberrechtsgesetzes ist ohne Zustimmung der Verfasser unzulässig und strafbar. Das gilt insbesondere für Vervielfältigungen, Übersetzungen, Mikroverfilmungen und die Einspeicherung und Verarbeitung in elektronischen Systemen.

Die Deutsche Bibliothek - CIP-Einheitsaufnahme

Biosphärenreservate: Die Sevilla-Strategie und die internationalen Leitlinien für das Weltnetz; UNESCO-Programm "Der Mensch und die Biosphäre" (MAB) / [Deutsches Nationalkomitee für das UNESCO-Programm "Der Mensch und die Biosphäre" (MAB). Hrsg. der dt.-sprachigen Ausg.: Bundesamt für Naturschutz. Übers.: Birgit Strauss; Jürgen Nauber]. - Bonn: Dt. Nationalkomitee für das UNESCO-Programm "Der Mensch und die Biosphäre" (MAB); Bonn: Bundesamt für Naturschutz, 1996
  ISBN 3-927907-55-3
NE: Strauss, Birgit [Übers.]; Unesco / Man and the
  Biosphere Programme / Deutsches Nationalkomitee